十二生肖

牛

李子鸣 编著

大象出版社

子 丑 寅 卯 辰 巳 午 未 申 酉 戌

寅 卯 辰 已 午 未 申 酉 戌 亥

目录

生肖属牛

很久以前，牛是玉皇大帝身前听差的仆役。经常在天宫和人间往返穿梭，将玉帝的命令传递到人间，将人间的疾苦上报给玉帝。有一天，农夫对牛说：地上光秃秃的，什么东西都不长，太难看了。要是玉帝能开恩赐点草籽给人间，让大地长点草，给人间增添点绿色，就好了!牛将农夫的话向玉帝作了汇报，玉帝听了觉得蛮有道理，便问殿下众神谁愿去人间撒播草籽。牛自告奋勇地说，这个问题是我反映的，还是由我负责比较好。玉帝提醒它说，你虽然比较勤快，但太粗心了，别把事办砸了。牛拍拍胸脯保证说，这点小事我还是能办好的，办不好情愿受罚。玉帝被牛的诚心打动了，同意了牛的请求，并再三嘱咐牛说，到人间撒草籽时要走三步撒一把，不能多也不能少。牛就带着草籽，走出天宫，在跨出南天门时，不小心摔了一跤，从天上一下子跌到了地上，头被摔得晕乎乎的，什么都不记得了。牛端着草籽，使劲地回忆玉帝说的话，到底是走三步撒一把，还是走一步撒三把？牛想了想，地面这么宽广，应该是走一步撒三把草籽，不然也于事无补啊!于是，牛走一步撒三把草籽，将草籽全撒到了地上。第二年春天，万物复苏，野草丛生，庄稼根本没地方生长。农夫拜祭灶神，请他向玉帝求求情，将地上多余的野草除去。玉帝听说此事后，召牛来核实情况。牛知道坏事了，于是将撒草籽的情况如实向玉帝汇报，请求玉帝原谅。玉帝生气地说："你这粗心该死的老牛，坏了我的好事，害我在人间的声誉一落千丈。不罚你，怎能消我心头的气，又怎能让众神服我？这样吧，从今往后，你和你的子孙后代就到人间去吃草，将地里的草吃干净，还要听农夫的号令，帮助农夫干活。"处治完牛，玉帝还是觉得不解气，飞起一脚，将牛踢落人间。牛来不及做出任何反应，头下脚上，摔到了地上，上牙被摔掉了一排。从此，牛便以吃草为生，耕田拉车，从不偷懒。然而，它的那排上牙直到今天还没长出来。牛来到人间后，任劳任怨，勤恳踏实，以实际行动赢得了人们的尊重和喜爱。在排生肖的时候，人们一致推举牛为生肖。当时，勤勉的牛一直跑在各种动物的前面，但投机的小老鼠藏在牛角上，抢先得了头名，牛则屈居第二。

许多人认为，十二生肖首先用于记时。一昼夜有二十四小时。为了将二十四小时加以区分和方便人们记忆，古代天文学家将昼夜分为十二个时辰，并选择生活习惯与时辰相对应的动物来命名。夜间十一点至次日凌晨一点，属子时；凌晨一点至三点，属丑时；凌晨三点至五点，属寅时；清晨五点至七点，属卯时；早晨七点至九点，属辰时；上午九点至十一点，属巳时；中午十一点至一点，属午时；午后一点至三点，属未时；下午三点至五点，属申时；下午五点至七点，属酉时；傍晚七点至九点，属戌时；夜间九点至十一点，属亥时。子时，夜深人静，正是老鼠趁机频繁活动之时，所以用鼠来标记子时。丑时，农家挑灯喂牛，正是牛美美饱食之时，故以牛来标记丑时。老虎喜欢昼伏夜行，寅时正是虎啸连连之时，故以虎来标记寅时。卯时，天刚放亮，兔子出窝，进食带有晨露的青草，故以兔来标记卯时。辰时，大地起雾，正是龙腾云驾雾、徐徐升起之时，故以龙来标记辰时。巳时，大雾散去，艳阳高照，蛇出洞觅食，故以蛇来标记巳时。午时，野马四处奔跑、嘶鸣不已，故以马来标记午时。未时，"羊出坡"，正是放羊的大好时机，故以羊来标记未时。申时，夕阳西下，猴子喜欢在此时啼叫，故以猴来标记申时。酉时，太阳落山，鸡急着回窝，故以鸡来标记酉时。戌时，人们关门就寝，狗卧门前，守护家门，一有动静，就大声狂吠，故以狗来标记戌时。亥时，夜深人静，猪贪吃，不断地拱着食槽，于是以猪来标记亥时。这样，十二个时辰与十二种动物一一对应，即子鼠、丑牛、寅虎、卯兔、辰龙、巳蛇、午马、未羊、申猴、酉鸡、戌狗、亥猪。后来，人们把这种纪时法推而广之，用于纪年，就有了十二生肖。

我国是一个农耕文明的国度，作为农人们的伙伴，牛也就成了我国最常见的动物之一。牛之为兽令人尊敬，它勤奋、负重、忍耐，拓荒、耕犁，埋头奉献。千百年来，它的品格得到了人们的高度肯定，成为动物界的典范。人们称赞勤勤恳恳，任劳任怨的精神为“老黄牛精神”；称赞勇往直前，不惧艰险的开拓精神为“拓荒牛精神”；称赞不计得失，关心青年、培养青年、为青年的成长付出了大量的心血的精神为“孺子牛精神”。人们还喜欢将兴旺发达的事也比作“牛”，比如说牛气、牛市。那么，牛年出生的人——“牛人”，具有哪些牛的优秀天性呢?

属牛的人有着不屈不挠的毅力和恒心，具备相当的自信心，相信通过艰苦努力就一定能获得成功。他们的头脑逻辑性强，思维有条不紊。属牛的人对待工作总是很用心、不知疲倦，他们靠坚韧的意志和献身精神来开展工作，行动前深谋远虑，行动中又谨慎小心，慢条斯理地按照计划去做。这使得他们能够做到别人很难做到的事。“牛人”们具有强有力的本性，比较期望合作者依照他们的意见去做。这有时虽然显得有点儿固执，但他们总是在最苦最累的地方身体力行。

属牛的人强健稳重，勤劳勇敢，富有耐性，给人一种“靠得住”的感觉。非常守时的他们看上去安安静静，朴素整洁，很容易得到周围人的信赖。“牛人”们不太爱表露自己的内心世界，是威严矜持的沉默寡言者，但无论是对家庭、对事业，还是对朋友，“牛人”们都非常尊重传统观念，有相当忠实的责任感。

属牛的人勤勤勉勉，任劳任怨。有什么事，他们总是主动去做；脏活、累活，别人不愿做，但他们总能高兴地去做。他们做事，不谈价钱，不计报酬。大事也好，小事也罢，总能认真、仔细地对待。因而，属牛的人在单位里总能得到领导的表扬、同事的肯定，能在平凡的岗位上创造出不平凡的业绩。

属牛的人态度谦逊，脾气温和。他们常常谦虚自勉，不骄傲，不张扬。他们的勤勉总能给他们带来丰硕的业绩，但他们顶多在心里默喜一阵，就把暂时的成功当做新的起点，去追求下一次的成功，而不会喜形于色，去到处宣传。他们性格温和，很少发脾气，即使受了委屈，也一笑了之。因而，他们在社会上总会有很好的人缘，总能交到很多的朋友，无论到哪儿都是最受欢迎的人。

世纪牛年年表

中国农历辛丑年	公元 1901 年 2 月 19 日～1902 年 2 月 7 日
中国农历癸丑年	公元 1913 年 2 月 6 日～1914 年 1 月 25 日
中国农历乙丑年	公元 1925 年 1 月 25 日～1926 年 2 月 12 日
中国农历丁丑年	公元 1937 年 2 月 11 日～1938 年 1 月 30 日
中国农历己丑年	公元 1949 年 1 月 29 日～1950 年 2 月 16 日
中国农历辛丑年	公元 1961 年 2 月 15 日～1962 年 2 月 4 日
中国农历癸丑年	公元 1973 年 2 月 3 日～1974 年 1 月 22 日
中国农历乙丑年	公元 1985 年 2 月 20 日～1986 年 2 月 8 日
中国农历丁丑年	公元 1997 年 2 月 7 日～1998 年 1 月 27 日

中国农历己丑年　公元 2009 年 1 月 26 日～2010 年 2 月 13 日

中国农历辛丑年　公元 2021 年 2 月 12 日～2022 年 1 月 31 日

中国农历癸丑年　公元 2033 年 1 月 31 日～2034 年 2 月 18 日

中国农历乙丑年　公元 2045 年 2 月 17 日～2046 年 2 月 5 日

中国农历丁丑年　公元 2057 年 2 月 4 日～2058 年 1 月 23 日

中国农历己丑年　公元 2069 年 1 月 23 日～2070 年 2 月 10 日

中国农历辛丑年　公元 2081 年 2 月 9 日～2082 年 1 月 28 日

中国农历癸丑年　公元 2093 年 1 月 27 日～2094 年 2 月 14 日

牛年大事

1997-1　丁丑年（T）
发行　1997.1.5
内容　金牛奋蹄　牛耕年丰

1265年(乙丑年) 英国议会制度开端，忽必烈加封八思巴

在西方，英国议会从中世纪的封建等级会议演变而来，有着悠久的历史。这种制度开始于1265年德·孟福尔伯爵在伦敦召开的等级会议。参加议会的人员除了每郡的两名骑士代表外，每个自治城市也有通过普选产生的两名市民代表参加。人们认为此举是英国下院的起点和市民进入议会的开端，也是议会君主制形成的标志。

忽必烈像

在东方，1265年元世祖忽必烈封吐蕃学者八思巴（八思巴是尊称，又译八合思巴、发思巴，意为“圣者”）为藏区政教之主大宝法王，赐以珠宝册印。八思巴是元朝第一代帝师，他从大都返回西藏萨迦寺后建立了一个专门管理他的私人财物和处理有关事宜的“喇让”，并创立了蒙文，设置了西藏地区行政区划。八思巴举荐数人给忽必烈以建设地方政权。在他的影响下，忽必烈任命了总管西藏事务的行政长官和13个万户府的万户长，加强了对西藏地区的有效管理。

八思巴文圣旨

八思巴文百家姓

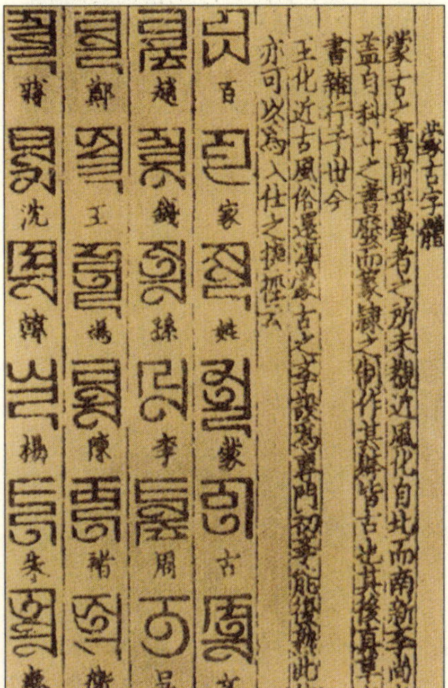

1409年（己丑年）中国明王朝置奴儿干都司

1409年，明朝政府在黑龙江、阿速江（今乌苏里江）、松花江以及今嫩江流域设置军政机构，全称为奴儿干都指挥使司。都司的建立密切了奴儿干地区同明朝的政治

牛年大事

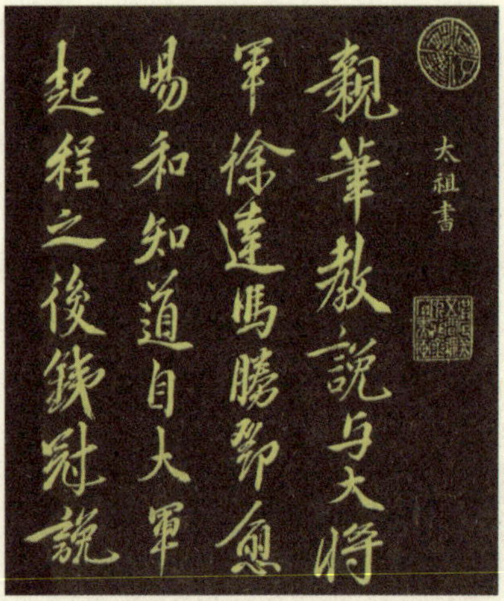

朱元璋教说大将军(局部)手迹

联系、经济往来和各族人民之间的友好关系，促进了当地社会经济的发展。都司治所特林在黑龙江下游东岸，下距黑龙江口约200千米。明朝派到奴儿干都司的官员和驻防军都在这里。《重建永宁寺记》碑文记录了明政府管理和经营奴儿干都司的史实。

1553年(癸丑年) 葡萄牙殖民者夺取了我国澳门居住权

澳门由澳门半岛、凼仔岛和路环岛组成，面积约23.5平方千米，人口约45万。1553年（明嘉靖三十二年），葡萄牙船商贿赂广东海道副使汪柏，以货船遇风浪触礁为借口，请求在澳门借地晾晒浸水贡物，并上岸搭棚暂住。可这一“暂住”就是446年。鸦片战争后正式被葡萄牙占领。经中葡谈判，中国于1999年12月20日起对澳门恢复行使主权，澳门成

澳门大三巴牌坊

晚清·油画·澳门港口

为中国第二个特别行政区。

1685年(乙丑年) 中俄雅克萨战役

面对俄国屡屡侵犯我国北疆的情况，1685年康熙发布谕旨：“兵非警察，不得已而用之。向者罗刹（今俄罗斯）无故犯边，收我通达，后渐越界而来，抗害索伦、赫哲、飞牙喀、奇勒尔清地，不追宁处；剽动人口，抢掳村庄，掠夺貂皮，肆恶多端。是以屡遣人空

康熙像

谕，复移文来使，罗刹竟不报命，反深入赫哲、飞牙喀一带，扰害益甚。爰发兵黑龙江，扼其来往之路，罗刹又窃据如故，不送还逋逃，应即剪灭。”俄国方面顽抗到底，最后走投无路，只得投降，撤出雅克萨。

1757年(丁丑年) 广州“一口通商”政策颁布

1757年(乾隆二十二年)，乾隆圣旨规定除广州一地可以对外通商外，停止厦门、宁波等港口的对外贸易，并规定洋商不得直接与官府交往，而只能由“广州十三行”办理。这标志着清政府彻底奉行起闭关锁国的政策。而此时西方资本主义国家已开始工业革命，海外贸易日益扩张，中国的闭关自守，最终导致了近代的落后。

康熙金印

乾隆像

李鸿章像

大沽炮台遗址

1901年(辛丑年)《辛丑条约》签订

1901年9月7日，由德、奥、匈、比、西、法、英、意、美、日、荷、俄等国公使组成的外交团与中国全权大臣李鸿章举行会谈，签署和谈最后议定书，《辛丑各国和约书》正式签订。主要内容有：清政府赔偿各国军费四亿五千万两白银，其中沙俄得一亿三千多万两，以海关和盐税作抵押；拆毁北京至大沽的所有沿海炮台；各国留兵驻守北京至山海关铁路沿线重要城镇；在北京划定使馆界，允许各国派兵保护，不准中国人在界内居住；永远禁止中国人成立或参加反帝组织和运动；将总理衙门改为外务部，班列六部之首。条约的签订使中国的主权进一步沦丧。北京的使馆区内列强驻兵、行政独立，成了“国中之国”。

《辛丑条约》

外国取得北京至山海关的驻兵权,使中国京师关防洞开、无险可守。《辛丑条约》的签定标志着中国半殖民地半封建社会的形成。

1925 年(乙丑年) 一代伟人孙中山逝世

1925 年 3 月，我国伟大的革命先行者孙中山在北京逝世，终年 59 岁。孙中山名文，字逸仙，旅居日本时曾化名中山樵。著有《中山全书》、《总理全集》、

《民报》

孙中山像

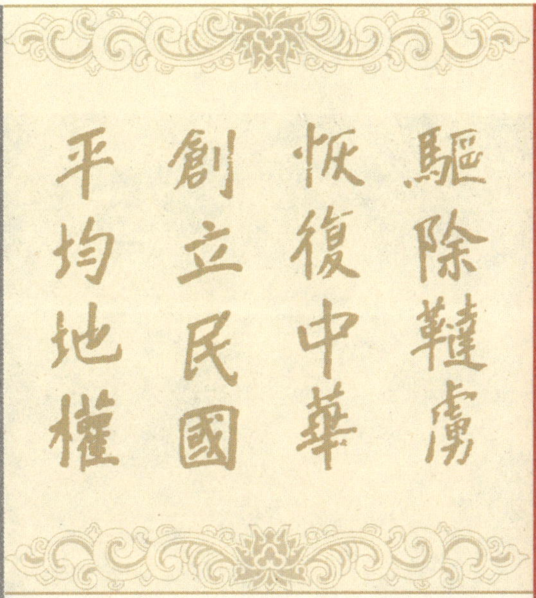

孙中山手书的同盟会纲领

《孙中山全集》等。他赴檀香山成立兴中会，誓推翻清朝。1905 年在日本联合华兴会、光复会等革命团体成立中国同盟会，被推为总理。1911 年辛亥革命后被十七省代表推举为中华民国临时大总统。革命失败后他创建并改组了国民党，再三护法反袁，提出了“三民主义”和新“三民主义”学说。孙中山的遗嘱主张“必须唤起民众，及联合世界上以平等待我之民族，共同奋斗”。孙中山的遗嘱显示了他的爱国反帝和坚持三大政策的伟大革命精神。

牛年大事

卢沟桥运筏图

1937年(丁丑年) 七七事变

卢沟桥横跨永定河，属河北省宛平县管辖，距北平（今北京）仅15千米，为捍卫北平的屏障。1937年7月7日夜，日军在北平西南卢沟桥附近演习时，借口一中队在整队回防时，突被驻卢沟桥二十九军部队射击，因而走失士兵一名，指其被二十九军官兵劫持入城，要求进入宛平县城搜查，遭到中国守军第二十九军严辞拒绝。日军遂向中国守军开枪射击，又炮轰宛平城。第二十九军奋起反抗。这就是震惊中外的七

卢沟桥

七事变,又称卢沟桥事变。七七事变是日本帝国主义全面侵华战争的开始,抗战史也一般以七七事变为起点。

1949年(己丑年) 中华人民共和国成立

1949年10月1日下午3时，毛泽东主席在天安门城楼宣布“中华人民共和国中央人民政府于本日成立了”。在国歌声中，毛泽东亲自按动电钮，升起了中华人民共和国第一面五星红旗，54门礼炮齐鸣28响。毛泽东又宣读了政府公告，向全世界宣告中华人民共和国成立。

牛年大事

接着，举行了盛大的阅兵式，朱德总司令检阅了陆、海、空三军，并宣读了中国人民解放军总部命令，命令人民解放军“迅速肃清国民党反动军队的残余，解放一切尚未解放的国土，同时肃清土匪和其他一切反革命匪徒，镇压他们的一切反抗和捣乱行为”。晚上，北京市民举行提红灯游行，直到9时许。

1997年(丁丑年) 中国对香港恢复行使主权

1997年6月30日16时15分，末代港督彭定康从卫兵手中接过刚刚降下的英国国旗。7月1日凌晨，江泽民主

天安门

香港特别行政区区旗

席庄严宣告：根据中英关于香港问题的联合声明，两国政府如期举行了香港政权交接仪式，宣告中国对香港恢复行使主权。中华人民共和国香港特别行政区正式成立。经历了百年沧桑的香港回归祖国，标志着香港同胞从此成为祖国这块土地上的真正主人，香港的发展从此进入一个崭新的时代。天安门广场万众欢腾，喜迎香港回归祖国。中英香港政权交接仪式在香港会议展览中心新翼五楼大会堂隆重举行，时任国务院总理的李鹏等中国政府代表团成员及英国查尔斯王子、布莱尔首相等出席交接仪式。这是中华民族永载史册的盛事。

英国国旗

维多利亚港

属牛名人

新年快乐 （牛年）
发行 1997.1.5
内容 剪纸牛和草书“牛年”

晁 错(前200～前154)

西汉政治家、散文家。河南禹州人。早年学习申不害、商鞅的法家学说。汉文帝时任太常掌故，奉命跟从伏生学习今文《尚书》。后任博士、太子家令，深受太子（即景帝）的宠信，成为其智囊。他主张重农，又力主削弱诸王势力。景帝即位以后，晁错升任内史，后升任御史大夫，位列三公。向景帝进《削藩策》，主张削夺诸侯王国封地，被藩王怨恨。

晁错像

不久，有七个诸侯国以“诛晁错，清君侧”为借口，发动叛乱。在内外压力下，景帝将晁错斩于长安东市。其主要作品有《言兵事疏》、《守边劝农疏》、《募民实塞疏》、《论贵粟疏》等等。

贾　谊(前200～前168)

西汉著名的政治家和文学家。人称贾生、贾子、贾长沙。河南洛阳人。早年诵读诗书，写得一手好文章。在老师吴廷尉的推荐下，被征召入朝，立为博士。后官至太中大夫。不久，被大臣周勃参劾，贬为长沙王太傅。他心情非常不好，认为此去将享寿不长，便拿自己与屈原作比，写下了千古流传的《吊屈原赋》。后为梁怀王太傅，多次向文帝建议削弱诸侯王的势力、推行重农抑商政策和用武力抗击匈奴的入侵。公元前169年，梁怀王刘揖入朝，不幸坠马而死。贾谊认为自己作为梁怀王的太傅而没有尽到责任，感到非常伤心。第二年，因伤感过度而去世，死时年仅33岁。贾谊

贾谊像

一生虽然短暂，但他却为中华文化宝库留下了一份珍贵的文化遗产。他是骚体赋的代表作家，代表作有《吊屈原赋》、《鹏鸟赋》；其政论散文也堪称文采斐然，代表作有《过秦论》、《治安策》和《论积贮疏》。

刘 启(前188～前141)

即汉景帝。公元前156～前141年在位。在位期间，继承其父汉文帝的遗志，继续推行轻徭薄赋、休养生息的政策，将田税由十五分之一降到三十分之一；采纳晁错的建议进行削藩，平定七国之乱，将诸侯王任免官吏的权力收归中央，由中央向诸侯国派遣官吏。在他的治理下，国家政治稳定，经济发展，人口增加，呈现出一派繁荣的景象。史家将文帝和景帝统治时期并称为“文景之治”，对他们给予了充分的肯定。

刘启像

刘 备(161～223)

三国时期蜀国皇帝。公元221～223年在位。字玄德，河北涿州人。自幼家贫，与母亲一起贩鞋织席，勉强度日。东汉末年，诸侯割据。刘备在家乡拉起一支队伍，参与镇压黄巾起义。此后寄人篱下，先后投靠公孙瓒、曹操、

刘备像

袁绍、刘表等豪强。采用诸葛亮的建议，与孙权结盟共同抵抗曹操。公元208年，联合孙权，在赤壁以少胜多，大败曹操号称80万的大军，史称“赤壁之战”。战后相继占领荆州、益州和汉中地区，力量不断壮大。公元221年称帝建国，国号蜀，定都成都。公元222年，率军进攻孙权，在彝陵之战中大败，不久即病死于白帝城。

陶渊明(365～427)

晋宋时期文学家。一名潜，字元亮。江西九江人。出身于没落的仕宦家庭。他既钦敬曾祖陶侃的积极进取，又赞赏外祖孟嘉的闲淡自然。思想中融入儒、道两种思想的精华。41岁之前，渴望干一番事业，做过江州祭酒、参军、彭泽令等官；41岁

属牛名人

后，因时局动荡，对官场政治腐败、门阀制度森严极端不满，毅然辞官归隐，与官场彻底决裂。归隐后的第二年，家乡遭焚，生活陷入极端贫困，但他安贫乐道，守节不仕。陶渊明是汉魏南北朝800年间最杰出的诗人，其诗今存125首，在体例上多为五言诗，内容上可分为饮酒诗、咏怀诗和田园诗三大类。

刘子业(449～465)

南朝宋皇帝。公元464～465年在位。小字法师，孝武帝长子。生性多疑。即位后，诛杀戴法兴、刘义恭、柳元景、颜师伯、沈庆之等重臣；召回身处外地的诸位王叔并将其囚禁起来。荒淫无度，纳姑母为妃子。公元465年，被汀乐王刘秘所杀。

陶渊明像

刘子业像

李白像

李　白(701～762)

唐代大诗人。字太白，号青莲居士。祖籍甘肃天水。先世于隋末流徙西域，李白即生于中亚碎叶，幼时随父迁居四川江油。少年即显露才华，博学广览，吟诗作赋，并好游历行侠。公元742年，因道士吴筠的推荐，被召至长安，供奉翰林。文章风采，名动一时，颇为玄宗所赏识。受权贵谗毁，在京仅三年，就弃官而去，继续他那飘荡流浪的生活。安史之乱时，参加永王李璘的幕府。不久，永王与肃宗争夺帝位。永王兵败，李白受牵累，被流放夜郎（今贵州境内），途中遇赦。晚年漂泊于我国东南一带，在安徽当涂病逝。李白的诗以抒情为主。其诗风格雄奇豪放，想象丰富，语言流转自然，音律和谐多变，是屈原之后我国最为杰出的浪漫主义诗人，有“诗仙”之称。

属牛名人

李　诵(761～806)

即唐顺宗，公元805～806年在位。德宗长子。即位后，提拔王叔文为翰林学士，进行政治改革。首先罢免贪官京兆尹李实的官职，革除盐铁使每月收取羡余的陋规。当他计划从宦官手中夺取兵权时，遭到宦官们的集体抵制。不久，中风，口不能言，为宦官所控制。在宦官文珍竺的逼迫下，立太子李纯为帝，自己退位称太上皇。

李　昂(809～840)

即唐文宗，唐代皇帝，公元826～840年在位。初名李涵，是唐穆宗的二儿子。由宦官王守澄等扶持为皇帝，改名李昂。在位期间，他去奢从俭，勤于政务，想成为名君。他不满于牛僧孺、李德裕等两大派官僚的斗争，依靠李训、郑注等大臣处理政事。发动甘露之变，打算清除干预朝政的宦官集团。失败后，李训、郑注被杀，他也被软禁起来。公元840年，郁郁而终。

范仲淹(989～1052)

北宋著名的政治家、思想家、军事家和文学家。字希文，祖籍陕西彬州。小时家境贫寒，

范仲淹像

自强不息。公元1009年，到长白山醴泉寺借读，每日“画粥断齑”，笃学不辍。公元1011年，拜戚同文为师，继续苦学。公元1015年，中进士，初授广德军司理参军。后历任大理寺丞、秘阁校理、太常博士、右司谏、枢密副使、参知政事等职，曾出任陕西宣抚史、陕西四路安抚史，战功显赫，还做过泰州、楚州、陈州、睦州、饶州、润州、越州、延州、耀州、彬州、邓州、青州等地方官。他为政清廉，体恤民情，刚直不阿，力主改革，屡遭奸佞诬谤，数度被贬。工诗词，晚年所作《岳阳楼记》，为千古名篇。公元1052年病逝于徐州，终年64岁。

苏轼像

苏　轼(1037～1101)

北宋文学家、书画家。字子瞻，号东坡居士。四川眉山人。苏洵的儿子。嘉祐进士。神宗时曾任礼部员外郎，因反对王安石变法而请求到地方上去，任杭州通判，历任密、徐、湖州知府。后以作诗“谤讪朝廷”罪贬黄州。哲宗时任翰林学士，曾出知杭州、颍州等，官至礼部尚书。后又贬谪惠州、儋州。公元1100年，被赦免。次年在常州病逝。与父苏洵、弟苏辙并称“三苏”，在文坛上地位

属牛名人

极高。其文汪洋恣肆、明白畅达，为“唐宋八大家”之一 。其诗清新豪健，善用夸张比喻；其词开豪放一派，对后代很有影响。《念奴娇·赤壁怀古》、《水调歌头·丙辰中秋》传诵甚广。擅长行书、楷书，用笔丰腴跌宕，有天真烂漫之趣，与蔡襄、米芾、黄庭坚并称“宋四家”。

赵　昀(1205～1264)

即宋理宗，南宋皇帝。初名与莒，宋太祖十世孙，父亲为山阴尉。权相史弥远选他作为宁宗嗣子。公元1225～1264年在位。1233年，史弥远死后开始新政。会同蒙古兵灭掉金国。在位期间，蒙古兵连年进攻，江淮、四川处处报警，但他纵情酒色，不理朝政，一切大事，悉听权臣于大全、内侍董宋臣处理。晚年，听信贾似道的建议，大量发行纸币，购并公田，弄得民不聊生，国势日衰。

宋理宗像

铁穆耳(1265～1307)

即元成宗，元朝第二代皇帝。公元1295～1307年在位。蒙语称完泽笃皇帝。元世祖孙、太子真金

铁穆耳像

金瓦寺

之子。公元1293年，被封为皇太子，总兵镇守漠北。第三年，即皇帝位。停止对外战争，专力整顿国内军政。采取限制诸王势力、减免部分赋税、新编律令等措施，使社会矛盾暂时有所缓和。同时，发兵击败西北叛王海都、笃哇等，笃哇、察八儿归附，使西北长期动乱局面有所改观。在位期间基本维持守成局面，但滥增赏赐，入不敷出，国库资财匮乏，钞币贬值。曾发兵征讨八百媳妇(在今泰国北部)，引起云、贵地区动乱。晚年患病，委任皇后卜鲁罕和色目大臣执政，朝政日渐衰败。死后谥钦明广孝皇帝，庙号成宗。

克珠杰·格雷贝桑(1385～1438)

即班禅一世，明代西藏喇嘛教黄教首领。早年在萨迦寺出家受沙弥戒。16岁时学习密宗。18岁时到

属牛名人

前藏听宗喀巴讲经。22岁时正式拜宗喀巴为师，从此成为宗喀巴的忠实信徒。1432年任甘丹寺第三任赤巴（法台），达8年之久，并建造了甘丹历史上第一座金瓦寺。克珠杰于1438年圆寂。自1407年师事宗喀巴以后，在阐述格鲁派教义、制定格鲁派的各种法规和学习程序、建立寺院的管理制度等方面，做了大量的工作，对于创立格鲁派起了奠定基础的作用。相传他还是一位很有才华的画家和雕塑家，现在甘丹寺有两幅壁画，就是他的佳作。班禅制度建立后，被后人追认为班禅一世。

班禅一世像

云丹嘉措(1589～1616)

即达赖四世，明朝西藏喇嘛教黄教首领。云丹嘉措，意为“功德海”，内蒙古呼和浩特人。父名青格尔杰布彻辰曲吉，又名苏密尔台吉，系俺答汗之孙，母名拜罕努拉，是苏密尔台吉之次妻，出生在蒙古土默特部。公元1602年，到拉萨哲蚌寺，拜班禅四世为师。后任哲蚌、色拉两寺的堪布。为历世达赖喇嘛中唯一的蒙古族人。

博尔济吉特氏(1613～1687)

清太宗皇后，顺治帝的生母。蒙古科尔沁贝勒(部落之长)寨桑的女儿。天生丽质，生性机敏。公元1625年，嫁给努尔哈赤的第八子皇太极为妻。婚后生有三女，固伦雍长公主、固伦淑慧长公主、固伦淑哲长公主。1636年皇太极称帝，被封为永福宫庄妃。公元1638年，生皇九子福临（即顺治帝），尊庄妃为

孝庄文皇后像

属牛名人

皇后，史称孝庄文皇后。1644年，皇太极逝世，幼小的福临继位为顺治帝，迁都北京，尊孝庄皇后为太后。为了消除多尔衮对帝位的威胁，孝庄太后按满族习俗，下嫁给多尔衮。她辅助世祖（即顺治帝）亲政，笼络汉族将领，提倡节俭，赈济灾民。顺治死后，玄烨(即康熙帝)继位。她坚持垂帘听政，全力辅佐康熙主政，被尊为太皇太后。公元1687年病逝，终年75岁。

谭嗣同(1865～1898)

清末维新派政治家、思想家。字复生，号壮飞。湖南浏阳人。少年时博览群书，富有思想。青年时代目睹了清王朝统治腐败，立志救国救民，故自名“壮飞”。1894年中日甲午战争中，清军惨败。痛感自己的词章之学于事无补，决心致力于维新变法。与唐才常等在浏阳筹建算学馆，创办新学，并撰文提出变法主张，首开湖南维新之风。此后，著《仁学》，猛烈抨击封建专制制度，提出了要发展资本主义政治、经济的主张。1898年，与唐才常等在湖南倡办时务学堂、南学会、《湘报》等，宣传变法维新，推行新政，使湖南成为全国最富朝气的一省。

谭嗣同像

廖仲恺写的扇面

同年6月，参加戊戌变法。失败后，被清政府杀害，为“戊戌六君子”之一。著作有《谭嗣同全集》。

廖仲恺(1877～1925)

近代民主革命家，国民党左派领袖。原名恩煦，又名夷白。广东惠阳人。出身于美国华侨家庭。曾留学日本，先后入早稻田大学、中央大学读书。1905年加入同盟会，任同盟会外务部干事、中国留日学生会会长。辛亥革命后，任广东军政府总参议，兼理财政。二次革命失败后流亡日本，参加中华革命党。1917年任护法军政府财政次长、署理财政总长。1921年在广州任财政部次长、广东财政厅长。1922年后积极协助孙中山改组国民党，确立联俄、联共、扶助农工三大政策。1924年，被选为中央执行委员会常务委员，历任工人部长、农民部长、黄埔军校党代表等职。1925年，指挥东征军作战，平定杨希闵、刘震寰的叛乱。同年7月任中华民国国民政府常务委员、财政部长、军事委员会常务委员。1925年8月，在广州被国民党右派暗杀。著有《廖仲恺集》。

属牛名人

杨开慧(1901～1930)

毛泽东夫人。号霞，字云锦。湖南长沙人。毛泽东的老师杨昌济的女儿。1920年冬与毛泽东结婚，于毛泽东政治活动多有帮助。1921年加入中国共产党，在中国湘区委员会负责机要兼交通联络工作，后随毛泽东在上海、韶山、武汉等地开展工农运动和妇女运动。1930年10月，被国民党军阀何键部下逮捕，因拒绝退党和声明与毛泽东脱离关系，在长沙英勇就义。

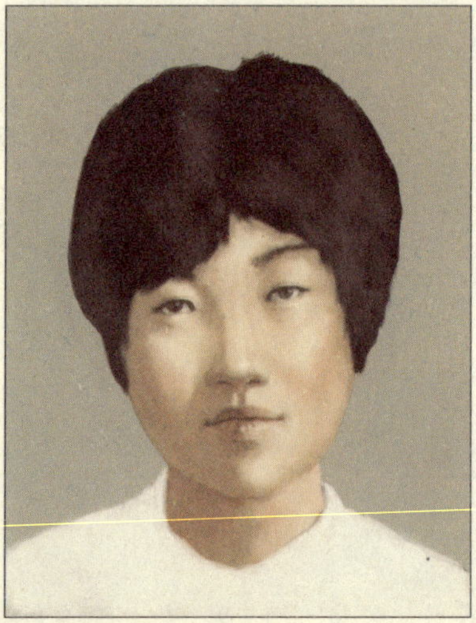

杨开慧像

牡丹花图

清·洪范·竹石图·扇页

邓恩铭像

邓恩铭(1901～1931)

中国共产党创始人之一。原名恩明，字仲尧，曾用名黄伯云。水族。贵州荔波人。早年积极参加学生爱国运动。1921年初，与王尽美等成立济南共产主义小组。同年7月，出席中国共产党第一次全国代表大会。会后任中共山东区支部委员，领导济南、青岛及淄川、博山、张店矿区工人运动。1922年，出席共产国际在莫斯科召开的远东各国共产党及民族革命团体第一次代表大会。同年年底任中共青岛支部书记。1925年，领导胶济铁路工人大罢工。后历任中共山东区委书记、中共青岛市委书记、中共山东省执行委员会书记、山东省委委员、中共青岛市委书记等职。1928年12月在济南被捕。1931年4月5日在济南就义。

人牛情结

农历贺年邮票（丁丑牛年）（小全张）
发行　1997.2.27
内容　牛和祥云　老黄牛　奔跑的小牛　水牛

汉代的许慎在《说文解字》中说：“牛，大牲也。”中国自古以农立国，自给自足的小农耕作是亿万农民最基本的生活方式。中国文化植根于农耕社会，牛作为中国人最熟悉的农耕文化的符号，在中国人的生活中不可缺少，在社会生活中发挥着重要作用。正因如此，它在人们心目中的地位不言而喻。自先秦以来，在我们中国人的价值观念中便有了深深的牛情结。中国人通常将人的

画像砖·农耕图

许多优秀的品质附着在牛的身上，如憨厚勤劳、不图回报等等；将一个人比喻为牛，也是一种赞美。

牛是古代祭祀时最主要的供品，古代祭祀所用牺牲，行祭前需先饲养于牢，故这类牺牲称为牢；又根据牺牲搭配的种类不同而有太牢、少牢之分。少牢只有羊、豕，没有牛。由于祭祀者和祭祀对象不同，所用牺牲的规格也有所区别：天子祭祀社稷用太牢，诸侯祭祀用少牢。

蜡染·牛

人牛情结

中国农历十二生肖 · 第 9 届北京亚洲邮展
发行 1996.1.1
内容 剪纸牛

《国语 · 楚语下》记载："天子举以太牢，祀以会；诸侯举以特牛，祀以太牢；卿举以少牢，祀以特牛；大夫举以特牲，祀以少牢；士食鱼炙，祀以特牲；庶人食菜，祀以鱼。上下有序，则民不慢。"《大戴礼记 · 曾子天圆》："诸侯之祭，牛，曰太牢。"《清史稿 · 礼志一》中也说："太牢：羊一、牛一、豕一。亦有专指牛为太牢者。"由此可见，由于祭祀者和祭祀对象不同，所用牺牲的规格也有所区别，但从先秦到清代，牛都是最尊贵的祭祀品，为天子祭祀社稷和祭天地时使用。春秋

祭天图

战国时期各国签订盟约，强国主盟的国君执牛耳割血，涂在嘴上。

作为大型牲畜，牛既是交通工具和农业生产的重要组成部分，又是比较好的肉食品，因此也是最重要的家庭财产，象征着财富。牛在农民家庭的作用是至关重要的，古时天子、诸侯常用牛来赐予下属。纵观中国历史，中国是传统的农业国，农民的主要食品——面食、豆类、稻米的生产都离不开牛提供的动力。而在耕田、运输、播种、收割、制糖、榨油等方面，牛更是最基本的工具与助手。

客家地区对牛的崇拜十分普遍。牛是农家耕作不可或缺的劳动工具，因此，牛崇拜能唤起人们护牛爱牛的理念。在闽粤赣边的客家人中和壮族、畲族地区流行“过春节，迎春牛”的活动。如闽西就有“犁春牛”、“迎春

清·杨晋·芦滩双牛图轴

人牛情结

清代民间木刻版画·春帖子

牛”的习俗。据传，此俗是由中原传入。

广西龙胜一带的侗族，每年新春到来之际都要举行“送春牛”和“舞春牛”活动，我国台湾也有“春牛踩街”、“迎春牛”、“鞭春牛”活动。

在世界上有些民族和宗教中，人类对牛的肯定和感情已经由尊崇发展到膜拜的程度。比如说印度教中牛是三大主神之一的破坏神湿婆的坐骑，湿婆神乘坐在牛背上巡视着印度大地，教徒们敬牛如敬神，而超过80%的印度人都是印度教徒，宗教在印度人的社会生活中有着莫大的影响力，因此牛对印度人民的思想及印度社会的影响都

前2600年·木制·嵌金·竖琴残部

非常巨大。印度教每年都有牛节，牛被看做是宇宙永恒的象征，是神圣的标志，印度教徒相信只要保护牛，印度教就将永远流传下去。圣雄甘地就曾说过：“奶牛是印度千百万人的母亲。古代的圣贤，不论是谁，都来自奶牛。”由于绵长悠久的神牛崇拜，牛在印度被视为家庭成员之一，能得到精心的照顾，人们经常给牛洗澡，修剪。并且印度宪法除两个邦（西孟邦与喀拉拉邦）外，其他各地的法律都明文规定禁止杀牛，尤其是屠宰奶牛。遍及印度各地的湿婆庙前都有个石台，台上是多彩卧姿的公牛雕像，有的铜质、有的石质，有

北耕兼种图

牛拉磨图

人牛情结

牛年
发行 1985.2.13
内容 澳门 牛

陕西·面牛头

的本色、有的彩色，还有的石台之上建立小亭，成为单独的小庙。牛雕像挂满花环，分享着主人湿婆神的尊荣，更有意思的是，印度还有专门的牛庙来供奉祭祀牛，祭祀牛多为铜质，一般的头部就有3米高。印度风俗中将母牛粪烧的灰抹于额头以乞求神灵赐福，祛灾避邪，有的地方甚至以新鲜牛尿为药治病。而同样在印度，约12%的穆斯林，近3%的基督徒，约1.3%的锡克人没有吃牛杀牛的忌讳，尤其是穆斯林，在某些盛大节日要以牛为祭品。尼泊尔奉黄牛为神的化身和国兽，每年8月为黄牛节。尼泊尔所有黄牛全年都不需下田干

壁画·牛

活，农事全由水牛承担。宰杀或吃黄牛肉是要坐牢的。

西班牙每年都举办斗牛节，与牛结下了不解之缘。斗牛起源于1761年。斗牛节从每年的3月19日“巴仑西亚的火节”开始，到10月12日的“沙拉哥沙的比拉尔祭”时结束，一般在礼拜天与假日举行。斗牛所用的牛体重都在370～500公斤之间，是在很少见到人的环境中饲养的，一般需要4至6年。每场斗6头牛，每斗一条牛需20分钟左右。斗牛士必须运用他的智慧和高超的技艺，战胜被红布激怒的蛮牛，整个过程扣人心弦。斗牛节期间，旁普罗纳镇举办的奔牛节是斗牛活动的高潮。该项活动起始于1850年，在每年的7月6日至7月14日举行。每天一大早，成群的斗牛从栅栏中被放出，而大街上成千上万的年轻男子穿着旁普罗纳传统服装，在牛群前拼命奔跑，要跑1千米长的路，一直跑到赛牛场才停止。奔跑的过程中，人们随时都有因被牛冲撞、踩踏而受伤甚至丧命的危险，但西班牙人仍然乐此不疲。如今，斗牛成了西班牙的国粹，代表了西班牙敢于挑战困难的民族精神。

趣味谈牛

农历十二生肖
发行　1996
内容　中文“牛年”及卡通牛

与牛有关的成语

泥牛入海：泥塑的牛掉到海里。比喻一去不再回来。出自宋朝释道原所著《景德传灯录》卷八：“我见两个泥牛斗入海，直至如今无消息。”

汗牛充栋：搬运书籍时牛累得出汗，存放时可堆至屋顶。形容藏书非常多。出自唐朝柳宗元所著《陆文通墓表》：“其为书，处则充栋宇，出则汗牛马。”

目无全牛：眼中没有完整的牛，只有牛的筋骨结构。比喻技术熟练到了得心应手的境地。出自《庄子·养生主》：“始臣之解牛之时，所见无非牛者；三年之后，未尝见全牛也。”

气冲斗牛：形容怒气冲天或气势很盛。出自宋朝岳飞所著

《题青泥赤壁》诗:“雄气堂堂贯牛斗,誓将真节报君仇。”

牛溲马勃: 亦作“牛溲马渤”。牛溲,指车前草。马勃,指长在湿地及腐木上的菌类。二者虽不名贵,但都可以入药。形容卑贱而有用之材。

牛刀小试: 比喻有很大的本领,先在小事情上显一下身手。

牛鬼蛇神: 牛首之鬼和蛇身之神。形容作品虚幻怪诞,或比喻歪门邪道之流。

牛黄狗宝: 牛黄,牛胆囊中的结石。狗宝,狗脏器中的凝结物。比喻坏透了的心肠。

牛口之下: 形容地位卑下。出自《史记·商君列传》:“夫五羖大夫,荆之鄙人也。闻秦缪公之贤而愿望见,行而无资,自鬻于秦客,被褐食牛。期年,缪公知之,举之牛口之下,而加之百姓之上,秦国莫敢望焉。”

喘月吴牛: 比喻因受某事物之苦,对类似的事物也感到畏惧。

气冲斗牛

汗牛充栋

趣味谈牛

出自南朝刘义庆所著《世说新语·言语》：吴地的牛怕热，看见月亮误以为是太阳，喘息不已。

对牛弹琴：亦作“对牛鼓簧”。指给不明白事理的人讲道理或说事情，常常会徒劳无功。出自汉朝牟融所著《理惑论》：“公明仪为牛弹清角之操，伏食如故，非牛不闻，不合其耳矣。”

版筑饭牛：版筑，造土墙。饭牛，喂牛。形容出身卑贱的人才。《书·说上》记载，商代贤者傅说筑于傅岩，武丁用以为相。《吕氏春秋·举难》记载，春秋时卫国贤者宁戚饭牛车下，扣牛角而歌，桓公异之，拜为上卿。

放牛归马：指不再出兵打仗。出自《书·武成》：“乃偃武

对牛弹琴图

修文，归马于华山阳，放牛于桃林之野，示天下弗服。”

九牛一毛：九头牛身上的一根毛。形容数量极其微小。出自汉代司马迁《报任少卿书》：“假令仆伏法受诛，若九牛亡一毛，与蝼蚁何以异？”

呼牛呼马：亦作“呼牛作马”。指毁誉由人，顺其自然。出自《庄子·天道》：“昔者子呼我牛也，而谓之牛；呼我马也，而谓之马。”

瘠牛偾豚：瘦牛压在小猪身上，必定要将小猪压死。比喻强国虽然衰败，但进攻弱国，弱国仍然要亡。出自《左传·昭公十三年》：“寡君有甲车四千乘在，虽以无道行之，必可畏也，况其率道，其何敌之有！牛虽瘠，偾于豚上，其畏不死。”

卖剑买牛：指卖掉武器，买牛耕田。

放牛归马图

比喻战争停止，和平到来。

童牛角马：没有角的牛和有角的马。比喻不可能存在的事物。

土牛木马：土做的牛，木造的马。比喻徒有名气而无实际用处。

宁为鸡口，无为牛后：谓宁居小者之首，不为大者之后。

椎牛歃血：古时聚众盟誓，杀牛取其血含于口中或以血涂嘴唇，表示诚意。

庖丁解牛：据《庄子·养生主》载，庖丁为文惠君解牛时，“奏刀騞然，莫不中音”，文惠君赞叹其技艺之妙。庖丁释刀云：平生宰牛数千头，而今宰牛时全以神运，目“未尝见全牛”，刀入牛身若“无厚入有间”而游刃有余。因此牛刀虽已用了十九年，而其锋利仍“若新发于硎”。后常用“庖丁解牛”作为神妙的技艺的典型。

齐王舍牛：喻指帝王对百姓怀有恻隐仁爱之心。出自《孟子·梁惠王上》：“王（齐宣王）

刺绣·土牛木马

坐于堂上，有牵牛而过堂下者，王见之，曰：‘牛何之?’对曰：‘将以衅钟。’王曰:‘舍之。吾不忍其觳觫，若无罪而就死地。’对曰：‘然则废衅钟与?’曰:‘何可废也?以羊易之。’”

骑牛读汉书：形容读书刻苦。出自《新唐书·李密传》：“（李密）闻包恺的缑山，往从之。以蒲鞯乘牛，挂《汉书》一帙角上，行且读。”

杀鸡焉用牛刀：喻指大材小用或小题大做。出自《论语·阳货》：“夫子莞尔而笑曰:‘割鸡焉用牛刀!’”

风马牛不相及：两地相距很远，连马牛迷路了也不会走到对方的地界。形容事物之间毫不相干。出自《左传·僖公四年》：“君处北海，寡人处南海，唯是风马牛不相及也。”

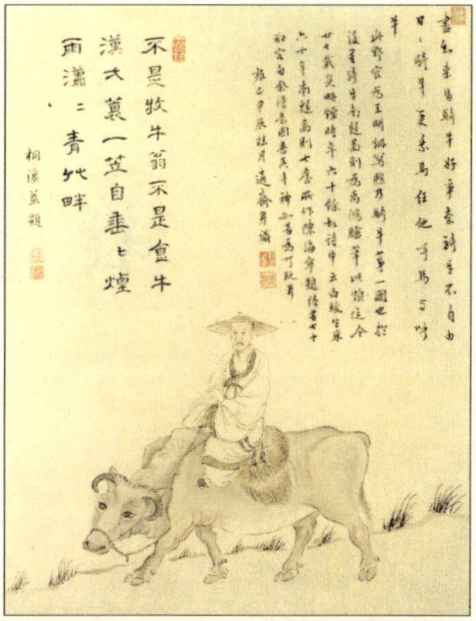

清·杨晋·石谷骑牛图

宁为鸡口图

趣味谈牛

与牛有关的谚语

春冷冻死牛。
养牛养冬膘。
牛头不对马嘴。
牛不吃水强按头。
牛耕田，马吃谷。
驼腰牛，弓腰驴。
牛套马，累死俩。
栏内无牛空起早。
一头牛，半个家。
点灯省油，耕田爱牛。
人吃牛饭，不能蛮干。
冬天的食，春天的力。

刺绣·一头牛半个家

冬牛不瘦，春耕不愁。
牛房牛房，冬暖夏凉。
乏牛不卧，卧牛不乏。
牛栏通风，牛力无穷。
牛是种地的哑巴儿子。
牛有千斤力，不能一时逼。
不怕千次使，就怕一次累。
耕牛农家宝，定要照顾好。
牛不知角弯，马不知脸长。
要想畜牲钱，要同畜牲眠。
养牛没有巧，水足草料饱。
寸草切三刀，无料也上膘。
牛不吃饱草，拖犁满田跑。
牛有千斤之力，人有倒牛之方。
菜不移栽不发，牛无夜草不肥。
牛皮不是吹的，火车不是推的。
牛是农家宝，有勤无牛白起早。
一口青草一口血，一口黄豆一点力。
三岁黄牛四岁马，岁半水牛田中爬。
宽嘴宽腰，四季满膘，前脚如箭，后脚如弓。
喂养水牛娘，牢记事两桩：夏天挖个池，冬天修个房。
上看一张皮，下看四只蹄，前看胸膛宽，后看屁股齐。

刺绣·牛是农家宝

与牛有关的灯谜

牛角刀（猜一字）解

牛年大吉（猜一字）犁

庙前拴着一头牛（猜一字）特

一口咬掉牛尾巴（猜一字）告

树旁有头牛，有尾没有头（猜一字）杵

牧童拉二胡（猜一成语）对牛弹琴

不许说大话（猜一邮政名词）牛皮封

牛郎织女一线牵（猜一围棋术语）二连星

木版年画·鹊桥会

木版年画·七月七日相会

趣味谈牛

塞拉利昂（牛）
发行　1996.1.1
内容　牛年

与牛有关的歇后语

老牛筋 —— 难啃
牛打架 —— 死顶
硬牛皮 —— 看你咋吹
牛皮鼓 —— 声大肚子空
骑牛找牛 —— 老糊涂
九牛爬坡 —— 个个出力
老牛拉车 —— 埋头苦干
老牛死了 —— 任人宰割
老牛走路 —— 不慌不忙
水牛打架 —— 勾心斗角
老牛拉犁 —— 有心无力

刺绣·老牛拉车

刺绣・老牛走老路

牛眼看人 —— 高瞧了你
黑天捉牛 —— 摸不着角
牛拉汽车 —— 怪事一桩
青草喂牛 —— 有嫩的咬了
黄牛犁地 —— 有劲慢慢使
老牛走老路 —— 照旧
牛皮鼓湿水 —— 不响
牛蹄子两瓣 —— 合不拢
兔子当牛使 —— 乱套了
牛栏里关猪 —— 靠不住
老牛吃青草 —— 两边扫
老牛钻狗洞 —— 难通过
叫牛坐板凳 —— 办不到
胡萝卜拴牛 —— 跟着跑
劝牛不吃草 —— 白费口舌
牛郎约织女 —— 后会有期
牛吃赶车人 —— 无法无天
老牛拉破车 —— 慢慢腾腾
老虎赶牛群 —— 志在必得
瞎牛撞草堆 —— 碰着就吃
耗子钻牛角 —— 越钻越紧
黄牛拿耗子 —— 有劲使不上

趣味谈牛

刺绣·冲沟里放牛

水牛过小巷 —— 转不过弯来
小牛驾大辕 —— 光蹦得欢拉不上套
牛蹄子上供 —— 就显你角(脚)大
冲沟里放牛 —— 两边吃(比喻两面受益，好处很多)
牵牛过独木桥 —— 难过
牛角上挂稻草 —— 轻巧
老牛不怕狼咬 —— 豁出去
老水牛拉马车 —— 不会套
牛背上放马鞍 —— 乱套了
牛郎织女相会 —— 一年一次
牛身上拔根毛 —— 无伤大体
农村的老黄牛 —— 苦了一辈子
骑老牛追快马 —— 望尘莫及
牛奶里掺墨汁 —— 黑白混淆
牛犊子追兔子 —— 有劲使不上
穿了鼻子的牛 —— 让人牵着走
好花插在牛屎上 —— 真可惜
花鞋踩在牛粪上 —— 底子臭
疯牛钻进死胡同 —— 不好回头
红头苍蝇叮牛屎 —— 臭味相投

丢了黄牛撵兔子 —— 不知哪大哪小
苍蝇飞进牛眼里 —— 找累(泪)吃
苍蝇给牛牯抓痒 —— 无济于事
老母猪和牛打架 —— 豁出命来摔
牛屁股后的苍蝇 —— 盯(叮)上不放
兔子驾辕牛打套 —— 乱套了
鲜花插在牛屎上 —— 不配
牛犊子扑蝴蝶 —— 看着容易做着难
一根牛毛破八瓣 —— 分得真细
老鼠钻进了牛角 —— 越往后越紧
驴拉磙子牛耕田 —— 各行其是
蚂蚁爬上牛角尖 —— 自以为上了高山
没有笼头的野牛 —— 到处伸嘴
牛鼻子上的跳蚤 —— 自高自大
牛粪堆上的蘑菇 —— 好看不好吃
马嚼子套在牛嘴上 —— 胡勒
牛屁股后面念祭文 —— 说空话
把牛角安在驴头上 —— 四不像
吃了鱼钩的牛打架 —— 勾心斗角
牛栏里伸进张马嘴 —— 没你开口的份儿
卖牛卖耙娶回个哑巴 —— 无话可说
躲过了老虎，又撞上了野牛 —— 一个比一个凶

与牛有关的对联

陶牛车

子去丑来腾锦绣
鼠归牛到竞辉煌

三春淑景景无丑
四化励人人效牛

土生白玉牛羊壮
地产黄金鸡犬欢

川原蝶舞翩翩好
田野牛耕户户忙

木版画·子去丑来腾锦绣

牛耕碧野千畦秀
人值芳龄百事亨

牛耕沃野千山笑
雪映红梅小院香

五岭莺歌又燕舞
九州马叫并牛欢

中天星彩腾奎壁
此地人文射斗牛

牛主乾坤春浩荡
人逢喜庆气昂扬

一曲牧歌传牛背
无边柳色绿村头

丁年鼠匿辉煌业
丑岁牛奔旖旎春

人寿年丰农家乐
地肥水美春牛歌

人物风流心向党
黄牛勤奋力耕田

牛耕沃野千畦绿
鹊闹红梅万朵红

牛奔马跃行千里
凤舞龙飞上九霄

牛鞭当笔填新句
鸟语作歌报福音

人寿年丰百姓乐
地肥水美众牛欢

扇面·牛郎织女

玉鼠回宫传捷报
金牛奋地涌春潮

玉碗生光辉琥珀
金牛焕彩耀星辰

未许田文轻策马
愿闻老子再骑牛

木版画·为民当效黄牛力

人勤一世千川绿
牛奋四蹄万顷黄

牛年喜奏丰年乐
人世笑迎盛世春

牛郎弄笛迎春曲
天女散花祝福图

牛郎不厌天河阔
织女但求凡世欢

为民当效黄牛力
报国壮怀赤子心

户户厌恶大硕鼠
家家喜爱老黄牛

可染画牛牛得草
悲鸿放马马扬鞭

白头能做识途马
俯首甘为孺子牛

布谷声中闲人少
牧歌曲里颂春多

趣味谈牛

布谷鸟鸣忙布谷
牵牛花绽喜牵牛

写完福字描春字
迎到金牛买铁牛

老牛力尽丹心在
志士年衰赤胆悬

有福人家牛报喜
无边春色燕衔来

有庆年头牛得草
无垠大道马扬蹄

当年禹甸多铜马
今日春郊遍铁牛

金牛开出丰收景
喜鹊衔来幸福春

诚心乐做人间事
俯首甘为孺子牛

春临门户白雪化
福降人间黄牛忙

木版画·金牛开出丰收景

年丰人寿家家乐
春到花开处处耕

牧草丛中春色美
放牛曲里笑声甜

黄牛舔犊芳草地
紫燕营巢杏花天

腊梅花放雪将尽
春水温升牛甚忙

猪肥牛壮家增福
食足衣丰民自安

猪肥牛壮家家乐
燕舞莺歌处处春

牧童牛背春香路
游子马蹄梦醉乡

春归大地黄牛跃
神至人间紫燕飞

勇当改革排头兵
甘做人民孺子牛

金光大道人催马
黄土高坡口吆牛

产奶无私甘奉献
充饥有草乐耕耘

红梅傲雪千门福
碧野放牛五谷丰

花木逢春枝叶茂
牛羊得草体膘肥

花开江左白雪尽
春到人间黄牛忙

君子闻声心不忍
庖丁善解目无全

良策善政多俊杰
乳牛老骥竞风流

春到人间新燕舞
喜盈门第铁牛忙

碧桃无意随春水
黄犊有情鼓绿涛

木版画·牛背飘来一曲歌

春牛图

茧花绽放漫山绿
牛背飘来一曲歌

挺身勇灭官仓鼠
俯首甘为孺子牛

神州无处不放彩
农户有牛喜迎春

耕者有牛皆种地
神州无处不欢歌

铁牛拖出满山宝
茧手挖来遍地金

辞鼠修仓迎稻熟
催牛耙地促年丰

绿柳摇风燕织锦
红桃沐雨牛耕春

新岁牧歌需纵酒
黄牛奋起不着鞭

新春喜作黄牛颂
旭日高悬致富门

趣味谈牛

碧野黄牛春日丽
红灯绿酒丽人年

铁牛喘月平畴绿
赤帜啸风满地红

黄土田间牛作画
紫微春苑燕吟诗

辞旧迎新除硕鼠
富民强国效勤牛

横心誓扫官仓鼠
俯首甘为孺子牛

黄牛吃草生新奶
紫燕衔泥筑小巢

数声柳笛飘牛背
无限春光亮马蹄

数声牧笛传新曲
四野耕犁试早春

蹄奋不须鞭震耳
牛勤何用角当头

新春乐咏黄牛颂
小院频传喜鹊歌

新春人唱黄牛赞
丰岁诗吟白雪歌

新村喜盼铁牛到
农家笑望春燕飞

木版画·黄土田间牛作画

歌頌牛年家家富裕戶戶歌

樂辭鼠歲處處豐收人人樂

鼠去牛来辞旧岁
龙飞凤舞庆新春

鼠去牛来闻虎啸
民殷国富盼龙飞

鼠去牛来欣大治
龙腾虎跃奋新程

鼠年不做官仓鼠
牛岁甘为孺子牛

鼠年谱就惊天曲
牛岁迎来动地诗

鼠报平安归玉宇
牛随吉瑞下天庭

翠柳迎春千里绿
黄牛耕地万山金

爆竹喧天传喜庆
黄牛犁地播丰收

不知索取只知奉献
勿问收获但问耕耘

灭鼠消灾粮丰人寿
养牛致富国裕家康

喜看大地莺歌燕舞
笑迎农家马壮牛欢

腊尽春归山村添喜气
牛肥马壮门户浴春风

鼠去牛来一元欣复始
春明日丽万象喜更新

喜鹊登梅百族迎佳节
金牛献瑞万里笑春风

文学作品中的牛

新年快乐（牛年）
发行　1995.3.2
内容　2NU　牛

寓言故事中的牛

对牛弹琴

古时有琴师名叫公明仪，对牛弹奏一曲《清角操》。牛听不懂这高雅优美的曲调，只望了一眼公明仪，仍低头吃草。琴师见牛无反应，就更弦易调，弹出蚊子、牛虻的嗡嗡声，牛以为真来了蚊虻，就摇尾驱赶。公明仪接着又弹出小牛哀叫的哞哞声，这时牛就竖起耳朵四处观望，想找出小牛。

对牛弹琴图

画像砖·杀牛

以羊易牛

战国时期，各国的君主唯利是图，并且互相攻伐，人民生活过得非常痛苦。有一次，齐宣王坐在大厅上，看见有一个仆人牵着一头牛走过厅前的长廊，齐宣王就问仆人：“你要把牛牵到哪里去啊？”“回禀大王，我要牵这一头祭祀的牛去宰杀，然后将它的血涂在钟上。”仆人恭敬地回答。齐宣王听了，看了看那头牛，就说：“将它放了吧！看它害怕得发抖成那个样子，我实在不忍心，就好像无辜的人要受刑似的！”“那就不要用动物的血涂在钟上了吗？”“这个礼怎么能随便废弃呢！你就捉一只羊去杀好了，将它的血涂在钟上不也是一样？”齐宣王说。孟子听说了这件事，就跑来劝谏齐宣王说：“大王，您的这种恻隐之心，就是仁术啊！只是大王您只看到牛很可怜，而没看见羊也很可怜的。您要是能把这种爱护动物的心推广到爱护人民上，那么大王就可以成为天下的君王了！”

文学作品中的牛

骑牛觅牛

唐朝有个著名的禅宗大师叫百丈和尚，有一次他的弟子长庆禅师问他："学人欲求识佛，何者即是？"百丈说："你这一问'大似骑牛觅牛'。"长庆又问："识得后如何？"百丈答："如人骑牛至家。"长庆又问："未审始终如何保住？"百丈答："如牧牛人，执杖视之，不会犯人苗稼。"百丈的这些比喻使长庆一下子明白了此心就是佛的要旨，再不去佛外找佛了。现多比喻东西就在自己身边，还到处去找。

骑牛觅牛图

牧牛十颂

梁令瓒·五星廿八宿图(之一)

禅宗里有个和尚叫普明，他把人的修养比作牧牛。从一个野牛修到物我两忘要有十个步骤：一曰“未牧”，野得很；二曰“初调”，穿了鼻子随人走；三曰“受制”，不再乱走，牛绳可以松了；四曰“回首”，心境柔顺了；五曰“驯伏”，不用牛绳了；六曰“无碍”，人不要费心了；七曰“任运”，牧牛人可以睡觉了；八曰“相忘”，人牛两无心；九曰“独照”，到了无牛的境界；十曰“双泯”，人也不见，牛也不见了。牛就是妄心，物我两忘了。没了狂妄的心，人的修养就到高级的层次了。

文学作品中的牛

诗词中的牛

古典诗歌中有咏牛的佳作，唐诗中著名的有刘叉的《代牛言》：“渴饮颍水流，饿喘吴门月。黄金如可种，我力终不竭。”本诗借牛的口吻，使用拟人的手法代牛立言，表达了牛的劳动艰辛，同时也借此表现在封建农业体制下，农人们一生辛勤却无所获得，难以致富的痛苦心情。南唐后主李煜的伶人李家明的《咏卧牛》应景

南宋·卧牛图

而作:“曾遭宁戚鞭敲角,又被田单火燎身;闲向斜阳嚼枯草,近来问喘更无人。”这四句诗里有三个典故,第一句说的是秦国名相宁戚未发达时是个放牛娃,他在牛的身上得到了启示,所以成了一位了不起的名臣。第二句说的是田单复国时用的火牛阵。第四句说的是汉朝名相丙吉出巡时,看见有人杀人他不管,看见一头牛在路边喘气,却停下来细问。有人问他,人命关天你都不管,却这么关心牛?他说,杀人的事有地方上管理,而牛喘气怕是牛瘟,有关民生,地方官可能不在意,我再不管行吗?李家明这首诗实际上是一首讽谏诗,讽的是像丙吉这样好的宰相太少了;谏的是

南宋·柳溪牧归图

南宋·柳荫牧牛图

文学作品中的牛

柳荫牧归图

宋·李唐·乳牛图轴

皇上应关心朝政。顾况的《杜秀才画立走水牛歌》则以诙谐幽默的语言表现了一派画中的乡村悠闲景象："昆仑儿，骑白象，时时锁着师子项。奚奴跨马不搭鞍，立走水牛惊汉官。江村小儿好夸骋，脚踏牛头上牛领。浅草平田擦过时，大虫着钝几落井。杜生知我恋沧州，画作一障张床头。八十老婆拍手笑，妒他织女嫁牵牛。"

有很多诗歌中使用了牛郎织女的典故，有的甚至直接入题，如曹唐的《织女怀牵牛》："北斗佳人双泪流，眼穿肠断为牵牛。封题锦字凝新恨，掷金抛梭织旧愁。桂树三春烟漠漠，银河一水夜悠悠。欲将心向仙郎说，借问榆花早晚秋？"诗圣杜甫的《牵牛织女》也较为著名："牵牛出河西，织女处其东。万古永相望，七夕谁见同？神光意难候，此事终朦胧。飒然精灵合，何必秋遂通！亭亭新妆立，龙驾具曾空。世人亦为尔，祈请走儿童。称家随丰俭，白屋达公宫。膳夫翊堂殿，鸣玉凄房栊。曝衣遍天下，曳月扬微风。蛛丝小人态，曲缀瓜果中。初筵浥重露，日出甘所终。嗟汝未嫁女，秉心郁忡忡。防身动如律，竭力机杼中。虽无姑舅事，敢昧织作功。明明君臣契，咫尺或未容。义无弃礼法，恩始夫妇恭。小大有佳期，戒之在至公。方圆苟龃龉，丈夫多英雄。"

鲁迅的诗句"横眉冷对千夫指，俯首甘为孺子牛"也是咏牛的佳句。

木版年画·牛郎搬家

扇面·牛郎织女

木版年画·天河配

文学作品中的牛

小说中的牛

小说家常常形象地将所塑造的有着无私无畏、赤胆忠心个性的人物和牛匹配起来，使人产生联想，使人物形象更加逼真。

《水浒传》中的铁牛李逵

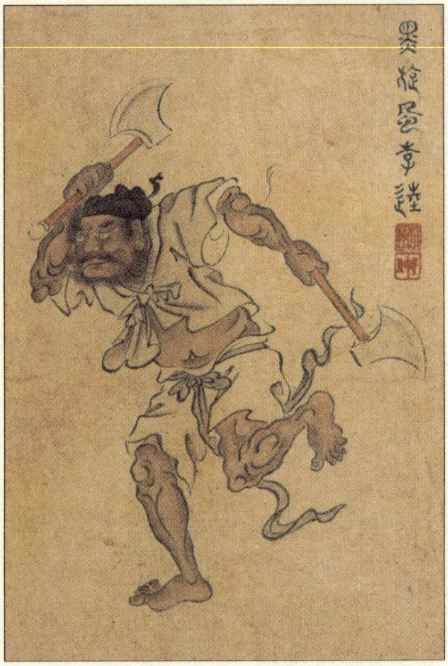

李逵像

天杀星李逵是《水浒传》中的人物。施耐庵在《水浒传》中塑造了一批有着独特性格的绿林好汉，他们啸聚江湖，仗义行侠，其中小名铁牛的李逵长得黝黑粗鲁，排梁山英雄第22位。在众好汉中，李逵最为野蛮，江湖上人称“黑旋风”，

岳元帅枪挑左金环图

假金牌元帅被算图

他只知杀人，不问好坏，甚至杀掉早已归降的扈太公一家，逼走扈成。李逵粗鲁、勇猛、憨直、蛮横，可以说颇有牛的特征。他力大无穷，能够杀死老虎；他头脑简单，对宋江格外忠心，不顾一切地替他卖命。他说道:“我梦里也不敢骂他，他要杀我时，便由他杀了吧。”但同时李逵又倔强地反对招安，常常叫喊夺皇帝的鸟位，使得宋江饮高俅送来的毒酒中毒后，还因惧怕自己死后李逵聚众造反，坏了他的忠义名声，便诱使李逵共饮毒酒，同赴黄泉。

文学作品中的牛

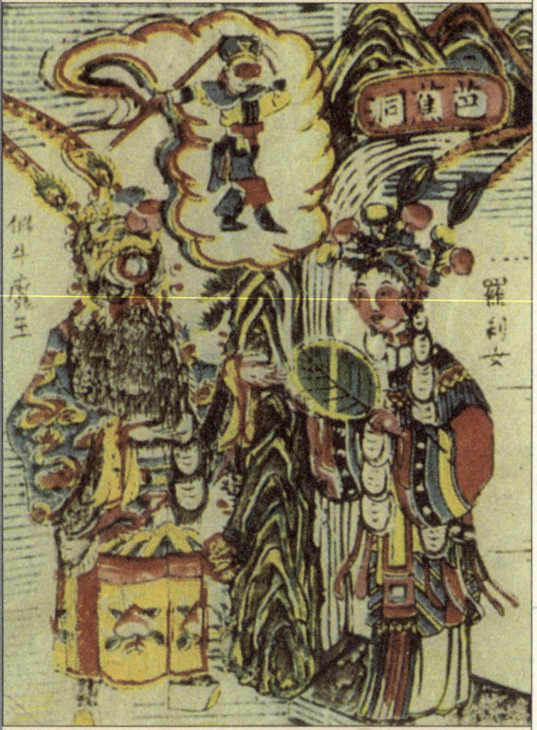

木版画·芭蕉洞牛魔王

《说岳传》中的牛皋

牛皋是北宋末年的名将，金军入侵时，他组织义军抵抗，后来加入岳家军，担任副帅，与岳飞结拜为兄弟，并肩作战，屡立战功。在《说岳传》中，牛皋以声如洪钟、眼瞪铜铃的形象出现。他功夫不怎样，但豪爽刚烈，力大如牛，使一蛇矛，猛杀猛砍。牛皋倔强而秉牛脾气，不屈不挠地进行抗金斗争，最后擒住金兀术骑在金的背上时，金兀术大怒而气死，他也高兴得大笑而死。牛皋对岳飞也是一片忠心，岳飞被害风波亭后，他十分气愤，大闹乌程县。

《西游记》中的牛魔王

《西游记》中的牛魔王原是孙悟空做妖精时的结拜兄弟，他由牛修炼而来，具有牛的很多特征，所以“一双眼光如明镜，两道眉艳似红霓。口若血盆，齿排铜板。吼声响震山神怕，行动威风恶

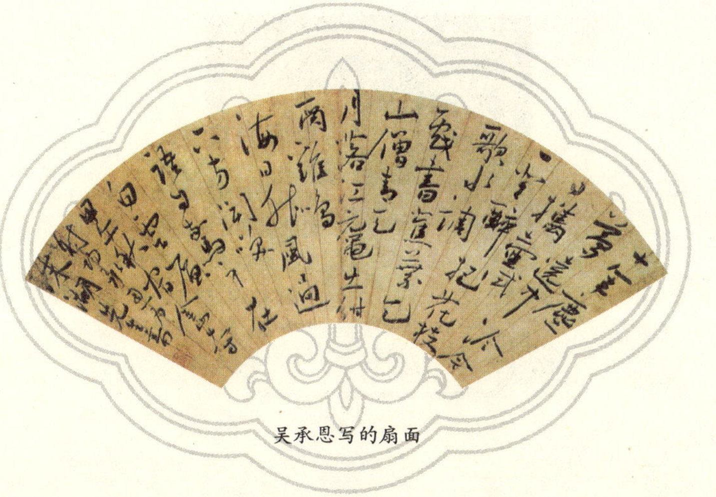

吴承恩写的扇面

鬼慌”。他和夫人铁扇公主记恨孙悟空降服儿子红孩儿，不肯将芭蕉扇借给孙悟空灭火焰山的火上西天路，发生了争斗。他秉性凶顽，法力一流，在与孙悟空、猪八戒的争斗中骁勇争强，最后现出原身：“一只大白牛，头如峻岭，眼若闪光，两只角似两座铁塔，牙排利刃。连头至尾，有千余丈长短，自蹄至背，有八百丈高下”，“他东一头，西一头，直挺挺光耀耀的两只铁角，往来抵触；南一撞，北一撞，毛森森筋暴暴的一条硬尾，左右敲摇”。连孙悟空也难以降伏他。最后在天兵天将的帮助下哪吒才跨在他那颈项上，一把拿住鼻头，将缚妖索穿在鼻孔里，用手牵住。小说着重描写了牛魔王不肯服输，不断争斗的牛劲。

艺术作品中的牛

中国农历十二生肖（牛）
发行　1998.1
内容　牛年

雕塑中的牛

在中国牛的雕塑中最令人熟悉的是改革开放发源地深圳市的象征——《开荒牛》铸铜雕塑。开荒牛雕塑的作者是当代中国最著名的雕塑家之一潘鹤教授，该铸铜雕塑成于1984年改革开放初期，此时的深圳正由一个偏远的小镇向城市化进军。雕塑采用现实主义的雕塑语言，具象雕塑的牛寄寓了建设者对于建设深圳经济特区的功劳——他们像牛一样在这块

战国·楚·错银铜卧牛

晋·灰陶牛车

崭新的土地上辛勤开垦，任劳任怨，不图回报。仅就艺术而言，《开荒牛》铸铜雕塑说明了深圳在这个时期的城市雕塑与20世纪中国主流雕塑的继承关系，塑像建成以后，获得了全国美展的金奖，受到了深圳乃至全国公众的普遍欢迎。

2006年2月16日开始在中国上海举办的“欧盟群牛展”展出了26头与真牛大小完全一样的母牛雕塑，其中25头身涂象征欧洲各个民族特色的彩绘的母牛各代表一个欧盟成员国，还有一头代表欧盟委员会。葡萄牙牛身披大海、帆板船，匈牙利牛披的是草原、鸟与人，荷兰牛披的是郁金香，法国的牛身上架着犁铧，芬兰的牛拉着圣诞老人和圣诞礼物，各色各样，十分有趣。

艺术作品中的牛

绘画中的牛

牛是人类绘画中的传统题材之一，以牛入画，体现植于人性中的情感体验。唐德宗时的丞相画家韩滉在位时重视农业生产，他擅长画牛，以所画之牛劝谕农耕。他笔下的牛达备之境界，受到宫廷与民间的广泛欢迎，传世孤本《五牛图》真迹纵20.8厘米，横139.8厘米，是目前所见最早作于纸上的绘画，纸质为麻料。《五牛图》作品完全以牛为表现对象，无背景

丑牛图

唐·五牛图局部（一）

衬托，无作者款印，本幅及尾纸上有赵孟頫、孙弘、项元汴、弘历、金农等14家题记，足见其作为艺术品的珍贵程度。图中的五牛视角多样，具有风格各异的美，姿态或行或立，头部或俯或仰，尤其是其中一牛为正面造型，对技法的准确和结构的严谨要求很高。作者运用粗放豪迈的简洁线条来表现牛的骨骼肉筋，牛头部与口鼻处的细毛根根毕现，笔法熟练流畅而变化多趣，曲尽其

春耕图

唐·五牛图局部（二）

艺术作品中的牛

妙，富有力度。画风沉着，设色朴实，渲染得法，层次丰富，标志着唐代的走兽画进入了独立发展阶段。

近人李可染先生的牧牛画也达到了相当的造诣。李可染先生一生喜爱绘牛，20世纪30年代主要画北方的黄牛，40年代以后开始画南方的水牛。他将画室命名为“师牛堂”，笔绘不辍是来自他对牛品质的推崇：“牛也力大无穷，俯首孺子而不逞强”，“吾崇其性，爱其形，故屡屡不倦写之”。正是有了这份热爱，将牛树为自己人格学习的榜样，以牛为师，他的水墨画才能那

南宋·雪溪放牧图

清·渔樵耕读之耕牛

清·任熊·人物山水图

样传神地体现出牛的性格。李可染的代表作为《水牛赞》、《牧童戏牛》、《孺子牛》等，其中水墨写意画《童子牧牛图》为纸本，立轴，纵60厘米，横37厘米。画面上二牧童一俯一坐于牛背之上攀谈，垂柳数枝，摇曳随风。技法上采用了淡墨、浓墨、焦墨、渍染、溢染相结合的方式体现水牛的质感、动感，牛角及牧童衣纹线条跃然纸上，笔法古拙有力，堪称杰作。

艺术作品中的牛

戏曲中的牛

与牛有关的传统剧目中最著名的就是《天河配》(《牛郎织女》)。该剧来自中国四大民间传说之一,以鼓励劳动、歌颂爱情为主题,是从星宿崇拜衍变而来的一出神话戏, 京剧、湘剧、秦腔、河北梆子、河北丝弦、越剧、评剧都有此剧目。演的是牵牛星向往人间生活激怒了王母娘娘,因此被贬下凡成为商人张有才之弟牛郎,为他说情的金牛星被贬下凡做耕牛。张妻嘎氏挑唆分家, 牛郎只分得金牛星变化的老牛一头。老牛教牛郎前往河边, 窃取河边织女衣裳, 与之

刺绣·七夕图

成婚，结为夫妇，男耕女织，成立家业，生子女各一。数年后王母娘娘知道了此事，命天兵将织女捉回天庭，牛郎带着儿女在耕牛的协助下紧追不舍。王母娘娘拔下头上的金簪一挥，出现了一条波涛汹涌的天河，牛郎和织女被隔在天河两岸，横遭拆散，只能相对哭泣流泪。他们的忠贞爱情感动了喜鹊，千万只喜鹊飞来，搭成鹊桥，让牛郎织女走上鹊桥相会。王母面对此情此景，只好允许两人在每年农历七月初七于鹊桥相会。《天河配》没有具体的历史背景，梅兰芳改织女的服装为古装。解放后有改编本，改为百鸟搭桥，迫使王母允许牛女相会。

《天河配》是一出节令应景戏，一进农历七月乞巧节，戏园子门口照例贴出《天河配》的海报。《天河配》的演出比较看重热闹彩头。如台上出现荷叶荷花的天河，似乎真的是喜鹊搭桥，近代以来还有“真牛上台，电光鹊桥”的噱头。

木版画·天河配

艺术作品中的牛

剪纸中的牛

剪纸・牛

民间艺术表现了农耕时代的价值取向和审美观念，而剪纸因其材料易得、成本低廉，是中国历史上最常见的民间传统装饰艺术品之一。剪纸艺术的受众多为农人，因此不仅表现了农人们的审美爱好，并蕴含着传统

剪纸・牛

剪纸・牛

剪纸·牛

农业社会的深层心理。牛作为丰收的象征，自古以来就是剪纸艺术的重要题材。立春贴春牛剪纸，寓意着春天到来，农忙开始，丰收将至。牛题材的剪纸有各种不同的流派，著名的如河南灵宝的春牛剪纸、用金箔纸剪成的老子骑牛剪纸。有的地方还要念平安诗："正月二十三，老君来散单，门上贴春牛，四季保平安。"

剪纸·牛

剪纸·牛

艺术作品中的牛

牛

邮票中的牛

外国和中国都先后发行过牛邮票。世界第一套牛邮票是梅克伦堡·什未林于1856年发行的，梅克伦堡·什未林位于德国北部，是大公爵领地，曾是德意志联邦成员，1870年成为德意志帝国的一部分，象征力量的戴着皇冠的公牛头是这个大公国的徽记。邮票票面成正方形，方框内不是牛的全身图

T102乙丑年(牛年)
发行 1985.1.5
内容 牛

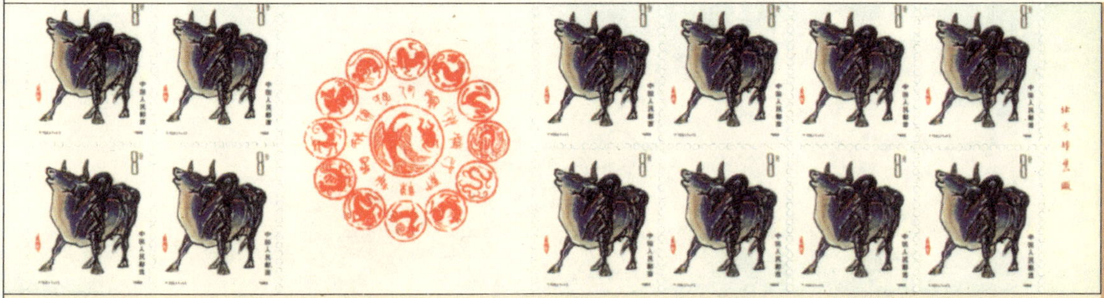

老黄牛精神
发行 1985.1.5
内容 牛(小本票)

案，而是大公国的徽记——一个正面牛头，牛头上方为皇冠。全套三枚，无齿，面值分别为1S（先令）、3S和5S，其中面值最小的一枚为“可四分票”，即一枚邮票内含构成方连的四小枚邮票，可剪开分用，每一小枚为四分之一先令。如果以一小枚邮票的大小来计，也可以说这是世界上面积最小的邮票。

艺术作品中的牛

丁丑牛年生肖邮票
发行　1997.2.27
内容　中国香港地区牛年邮票中的黄牛

丁丑牛年生肖邮票(四全)
发行　1997.2.27
内容　中国香港地区牛年邮票中的黄牛

斐济共和国邮票（小型张）
发行　1997.2.12
内容　香港邮展牛年小型张

艺术作品中的牛

我国北京邮票厂于1985年1月5日发行的首轮生肖牛邮票T102《乙丑年》(牛)邮票设计者为任宇,一套一枚,面值8分,印量9555.26万枚,影雕套印。同时发行小本票。1997年香港发行了面值11.9元生肖牛邮票和面值11.9元的小全张。

美国邮政局为配合中国牛年，曾推出过一套生肖牛年邮票，上面还写有中文字“牛年”。

新年快乐 （牛年）
发行 1997.1.5
内容 剪纸牛和草书“牛年”

图书在版编目(CIP)数据

十二生肖·牛／李子鸣编著.—郑州：大象出版社，2008.1
ISBN 978-7-5347-4886-8

Ⅰ.十…　Ⅱ.李…　Ⅲ.十二生肖－通俗读物　Ⅳ.
K892.21-49

中国版本图书馆 CIP 数据核字（2007）第 176537 号

责任编辑　李光洁
责任校对　霍红琴
整体设计　阿　然

出　　版　大象出版社
　　　　　(郑州市经七路 25 号　邮政编码 450002)
印　　刷　郑州新海岸电脑彩色制印有限公司
开　　本　787 × 1092　1/16
印　　张　6
版　　次　2008 年 1 月第 1 版
印　　次　2008 年 1 月第 1 次印刷
定　　价　58.00 元